COMO ENFRENTAR *os problemas* DA VIDA ÍNTIMA

Monsenhor
JONAS ABIB

COMO ENFRENTAR *os problemas* DA VIDA ÍNTIMA

Canção Nova
EDITORA
petra

Direção Geral: Fábio Gonçalves Vieira
Capa: Maquinaria Studio
Diagramação: Claudio Tito Braghini Junior
Preparação e revisão: Eliane de Abreu Santoro

Dados Internacionais de Catalogação na Publicação (CIP)
(Câmara Brasileira do Livro, SP, Brasil)

Abib, Jonas
Como enfrentar os problemas da vida íntima / Jonas Abib.
-- 40. ed. -- Cachoeira Paulista: Editora Canção Nova, 2016.

ISBN 978-85-7677-697-0

1. Autoestima 2. Combate espiritual 3. Confiança (Psicologia)
4. Espiritualidade 5. Solução de problemas 6. Vida cristã I. Título.

06-1049 CDD-248.4

Índices para catálogo sistemático:
1. Vida íntima : Solução de problemas : Vida cristã 248.4

Editora Canção Nova
Rua João Paulo II s/n - Alto da Bela Vista
12630-000 Cachoeira Paulista SP
Telefone [55] (12) 3186-2600
e-mail: editora@cancaonova.com
vendas@cancaonova.com
Home page: http://editora.cancaonova.com

ISBN: 978-85-7677-697-0

Sumário

Meu livro de cabeceira

Este livro tornou-se familiar para mim. Eu me vejo e revejo nele.

Por quê?

Porque nada aqui foi teoria. Tudo foi sendo vivido passo a passo. Por isso ele tornou-se para mim também um livro de cabeceira.

A cada dia vou relendo mais um pouquinho. É como uma revisão diária de vida: estou me conformando aos padrões estabelecidos?

Por essa razão também não me aguentei e já fui fazendo várias mudanças do começo ao fim do livro, porque a vida continua e é preciso readaptar-se a cada novo dia.

Daí saiu esta nova edição, totalmente revisada.

Imagino que isso vai se repetir porque, como disse Dom Hélder, “é preciso mudar muito para ser sempre o mesmo”.

Agradecimento

Meu muito obrigado ao Paulo Victor.

O mundo moderno nos leva continuamente a não fazer as coisas sozinhos.

É um aprendizado. Quando se trabalha junto, não acontece uma simples soma. Ao contrário: a chama se multiplica.

Paulo Victor me ajudou muito na pesquisa e na forma. Não basta ter um bom conteúdo: é preciso comunicá-lo de maneira clara, direta e precisa.

Não duvido: em breve ele poderá nos premiar com um livro inteiramente dele.

Termino então este agradecimento com um pedido:

"Paulo Victor, presenteie-nos com um livro seu."

E, mais uma vez, muito obrigado.

MONSENHOR JONAS ABIB

Vamos alinhar as luzes...

"Como são interessantes essas pessoas que não conhecemos muito bem..."

BALTAZAR GRACIÁN

Até nós mesmos...

Como está seu íntimo?

O que passa pela sua inteligência?

Que pensamentos surgem de repente em sua cabeça?

Quantas vezes você olha sua face no espelho e não se reconhece? Encontra ali uma pessoa agressiva, dura, que acabou de cometer uma besteira. Talvez tenha falado demais, gritado, ofendido alguém.

Diante dos fatos da vida, não sabe o que fazer. Não sabe que atitude tomar, que caminho seguir, qual o melhor gesto ou palavra...

Que pessoas nessas horas você atropela com seu temperamento tímido, omisso, explosivo ou grosseiro?

Nesse momento você mergulha em sua vida íntima e descobre que tudo aconteceu por causa de suas feridas interiores.

Elas estão aí... Precisam ser curadas.

A vida íntima é uma força primitiva do espírito, avaliadora e criadora de valores, intensiva, capaz de atingir os graus mais variados.

A decisão de apertar ou não o botão que explode uma bomba nuclear, a decisão de assinar aquele divórcio, aquele cheque, fazer um crediário ou comprar aquela casa...

A decisão de xingar alguém, de acelerar o carro e fugir...

A decisão de levantar e fazer ou não a mamadeira para o bebê que chora...

A decisão mais difícil que você precisa tomar...

Todas as decisões passam por sua vida interior. São decididas primeiro dentro de seu coração, nos movimentos mais profundos de sua alma.

É a luta pessoal para resolver os problemas da vida íntima.

É um tribunal de consciência que acontece em nossos pensamentos, nos quais somos os juízes de nossos atos e, ao mesmo tempo, o réu, o júri, o advogado de defesa e de acusação.

Nesse tribunal levantamos provas a nosso favor e contra nós mesmos, nos julgamos inocentes ou culpados e nos enxergamos pelas lentes de nossa autoimagem.

É nesse tribunal que decidimos se nossa consciência vai pesar ou não diante de nossas atitudes e pensamentos concretos, do dia a dia, quando paramos nossos trabalhos, quando nos aquietamos, quando nos encontramos sozinhos.

Mesmo em meio à confusão de ruídos que a presença ou a ausência de sua família faz, ruídos que são escutados na saudade de um amor, na decepção com outra pessoa, no centro de sua cidade...

Você começa sempre a conversar consigo mesmo.

Os jovens pensam no futuro; os velhos, no passado... E a cabeça não para...

A alma não se aquieta, sempre quer fazer você pensar, e em sua cabeça fluem pensamentos aos quais você precisa dar uma resposta, uma satisfação.

Somente Deus pode responder a essa alma que não se cansa de buscar algo maior que justifique seu existir.

Nas horas de isolamento, a luta pessoal para resolver os problemas da vida íntima recomeça.

É o próprio movimento de Deus em nós.

"Vinde à parte, para algum lugar deserto,
e descansai um pouco."

Foi o que Jesus disse aos Seus apóstolos, e essa palavra está no Evangelho segundo Marcos, no capítulo 6, versículo 31.

Quantas vezes você gostaria de interromper esse processo, mas não pode?

Sua cabeça não para de pensar.

"Nosso coração vive inquieto, na insatisfação, enquanto
não repousa em Vós."

SANTO AGOSTINHO DE HIPONA

Porque somos feitos para o Deus vivo e porque nossa alma só pode repousar Nele.

E nessa hora é necessário alinhar as luzes, alcançar o porto seguro.

Quando um navio vai se aproximar de um cais para aportar, o prático ou o timoneiro tem de ser muito preciso e usar muita perícia para levar o navio com segurança até o lugar certo, no ancoradouro.

Não é qualquer lugar, mas o lugar certo.

Para ajudar o responsável por "dirigir" aquele navio, evitando os perigos das águas litorâneas e rasas, o porto tem uma série de luzes instaladas na água e na orla, a fim de orientá-lo e informá-lo, a cada momento, sobre sua posição.

Para saber que está na direção certa, livre de todos os perigos, o timoneiro tem de estar sempre numa posição tal que todas as luzes estejam enfileiradas.

Quando se olha para aquelas luzes e se enxerga uma só, é porque elas estão todas alinhadas. Enquanto as luzes estiverem assim, ele saberá que o navio está percorrendo a trajetória certa.

E seguindo dessa forma, mantendo sempre a direção por meio das luzes, o navio chegará seguro, sem perigo de naufrágio.

Vamos alinhar as luzes?

Conformar-se?

"Os tristes dizem que os ventos gemem,
os alegres acham que cantam."

ZALKING PLATIGORSKI

Dostoiévski, escritor que marcou uma época e gerações, tem personagens que identificam bem isso. Num ensaio teatral reproduzido num de seus textos, uma das personagens se acomodou com o fato de que o mundo era assim mesmo e que nada seria capaz de melhorá-lo.

Ela começou a monologar e, vendo que a rotina das injustiças sociais continuava, resolveu desistir.

A Igreja não servia, pois o clero era pecador. Política não prestava, todos eram corruptos. O homem era muito contraditório... Sabe no que ela começou a crer? No suicídio. E o mais grave: durante o bom tempo de sua interpretação, ator e personagem se confundiam e davam argumentos maravilhosos sobre o que deveria ser a "magnífica experiência da morte, opção dos pobres".

É o cúmulo da síndrome de quem não acredita em mais nada.

Conformou-se com o desânimo.

Conformou-se: tomou a forma. Imagine o terrível resultado: alguém que toma a forma do DESÂNIMO.

Quem sofre da "Síndrome do Deus-Quis-Assim" tem a terrível tendência de ver a vida cheia de justificativas negativas.

Camufladas em bom senso, as coisas parecem seguir uma rotina que não tem jeito.

Muitas vezes, as pessoas contaminam sua mente e seu coração com as próprias palavras; não imaginam a força que a palavra tem... Dizem para si mesmas palavras de desânimo, palavras de medo, de aflição, e registram tudo em sua mente (interessante: o inconsciente não tem passado, nem futuro; para ele tudo é presente, tudo é gravado, programado como num computador). O tempo é algo criado pela mente humana; na verdade o que existe é um eterno presente, apenas o hoje e o agora.

E as pessoas vão se entristecendo, se desanimando, vivendo, frequentemente, com cara de "cemitério".

Você já conheceu alguém com o apelido de "Cemitério"? Na infância tive um colega que chamávamos de "Cemitério". Ele tinha seriíssimos problemas nos rins e, como consequência, estava sempre com profundas olheiras. Na época, para os meninos, esse era o apelido adequado para ele. Mas quantos cristãos há com cara de cemitério! Será reflexo do coração?

É algo real. Seu semblante fala do que está cheio seu coração.

"Mas eu tenho muitos problemas."

"Eu também", respondo, "e são grandes os meus problemas."

Não estou minimizando seu problema. Justamente porque temos grandes problemas, assumo com muito respeito as dificuldades que você enfrenta, mas também não vou ficar chorando com você.

Sempre digo aos que são responsabilidade minha, em formação humana e pessoal:

"Os problemas são meus, mas minha cara é dos outros."

Mesmo enfrentando problemas, você pode ter uma cara boa.

A beleza não vem da maquiagem, do penteado, da lente azul ou verde, mas do interior; a questão é o semblante.

Se soubessem quantas vezes esse meu coração encontra-se dolorido! As pessoas mais íntimas sabem disso. O interessante é que, quando a dor aumenta, por mais que eu queira esconder, meus olhos lacrimejam... e daí ficam mais bonitos... Mas tudo isso é uma questão de treino.

Eu não sou extraordinário, sou comum, sou ordinário! Você pode ser igual. É questão de treino. Deus não "pula para fora" de sua vida nos momentos difíceis; ao contrário, Ele o carrega nos braços.

Certamente você conhece o poema "Pegadas na areia", que deu moda sertaneja. A pessoa andava na praia com o Senhor e, diante de seus olhos, passavam cenas de sua vida. Quando no sonho Jesus mostrava os momentos sofridos de dor, morte, infortúnios, as maiores tribulações, a pessoa percebia que havia na areia apenas um par de pegadas. Zangada, perguntava ao Senhor: "Senhor, Tu me deixaste nas horas mais duras, por quê? Não compreendo! Nas horas em que mais necessitava, Senhor, me deixaste." E o Senhor, sorrindo, respondia: "Meu filho, jamais Eu o deixaria nas horas de dor. Quando você viu na areia apenas um par de pegadas, foi exatamente aí que Eu o carreguei em meus braços."

Mesmo com sua vida carregada de problemas, sua alegria vem de Deus. É por isso que seus olhos podem estar muito mais bonitos nas tribulações da vida. Por maiores que sejam, as tribulações e os problemas são passageiros.

Não pare. Não desanime. Tudo passa.

"Nada te perturbe, nada te espante. Tudo passa, só Deus não muda. A paciência tudo alcança. Quem tem Deus, nada lhe falta. Só Deus basta."

Santa Teresa D'Ávila

De onde vem o desânimo?

Se você abafar uma vela com um copo, o que acontecerá? Imagine.

A chama se apagará em poucos segundos porque faltará oxigênio.

Você não pode se cobrir de justificativas negativistas sob o argumento de que elas são lúcidas.

Com você acontece o mesmo que com a vela: você tem o combustível, a cera de qualidade, o melhor, mas, infelizmente, o desânimo se instalou e o abafou.

Muitas pessoas estão com a chama apagada. Com a alma morta. Entregaram-se ao conformismo. Instalaram-se no desânimo. Resultado: ficaram tristes, abatidas, deprimidas.

E o que é alguém desanimado?

A palavra já diz bem: des-animado. É como se a pessoa estivesse sem alma. A chama se apagou.

A palavra desanimar vem da negação de *animare*, que significa "dar alma", vida, movimento, coragem, entusiasmo, vivacidade.

Com certeza você jamais venderia sua alma, nem ficaria sem ela. Ninguém quer ficar desanimado.

Corpo, alma e espírito formam um conjunto muito interligado. A doença da alma contagia o espírito e, consequentemente, faz surgirem doenças no corpo: dores de cabeça, na coluna, no pescoço, nas pernas, insônia, pressão alta, problemas de coração, bronquite asmática... E vêm os remédios... Tudo por causa de uma doença da alma chamada desânimo, e todos pensam ser algo pessoal: "Mas como não vou desanimar diante de fatos tão concretos que tenho vivido?"

Pelo contrário, diante dos problemas você precisa ter muito mais ânimo ainda.

Hoje você fica sabendo que o desânimo é uma arma terrível de autodestruição. Mesmo que você já o saiba e que isso pareça absolutamente óbvio, hoje lhe é revelado.

Assim como as fotos que você tirou no aniversário de alguém. Você sabe o que está ali, mas hoje elas são reveladas.

Mas de onde vem o desânimo?

Parece tão óbvio. Todos dizem que são os problemas que trazem o desânimo. Já experimentaram demais isso.

Problemas trazem desânimo. Essa é a afirmação mais comum.

Mas será isso mesmo?

De onde vem o desânimo que os problemas trazem?

Para que você compreenda, vou lhe contar uma história.

O diabo resolveu vender os instrumentos que usava para fazer as pessoas se perderem. E realizou uma enorme exposição com todos os instrumentos que costumava usar. Eram grandes ferramentas, como: ódio, violência, bebedeira, corrupção, prostituição, tráfico de drogas, de armas, ofensas à pureza das pessoas... Enfim, lá estavam todos os seus instrumentos à venda.

Porém, havia um instrumento separado de todos os outros que, apesar de velho e gasto, valia o equivalente ao preço de todos os outros objetos juntos. Havia uma enorme curiosidade a respeito daquele objeto. Por que era tão caro? E o diabo lhes respondia: "Compre e você verá o que é."

Devido ao custo ninguém o comprou, e o diabo voltou a usá-lo, reconquistando tudo o que tinha vendido e muito mais. O instrumento surrado e dispendioso que ninguém tinha conseguido comprar chamava-se Desânimo.

E o diabo explicou: "Só vendo por um alto preço porque me foi sempre muito útil. Se uso a droga, a violência ou a prostituição, logo a pessoa me reconhece e sabe que o instrumento é meu. Mas o Desânimo não. As pessoas pensam ser algo de sua própria personalidade ou do seu temperamento. Acham que têm o direito de ficar desanimadas por causa dos problemas."

E acrescentou: "Quando lhes dou a arma do desânimo, faço qualquer coisa com elas, que ficam desfalecidas. Elas acham que já possuem uma boa justificativa para sofrer e não reagem, pois, afinal de contas... Deus quis assim."

Talvez você tenha sido vítima dessa ferramenta infernal e até pensava que diante dos fatos tinha o direito de ficar assim. E, desanimado, dizia, mesmo redundante: "Como não ficar desanimado diante desta situação?"

Se você não falou, certamente pensou.

Graças a Deus, o diabo acabou entregando o jogo.

Diante dessa historinha tão simples, mas tão reveladora, é preciso tomar uma decisão:

Desânimo nunca mais!

Quantas pessoas não caíram no desânimo por causa de problemas no casamento, problemas com os filhos, desemprego, falta de dinheiro, e enfermidades?

Quanta gente se destruiu por causa do DESÂNIMO! Ele pega fácil como resfriado. Por isso é preciso reagir imediatamente.

O desânimo pode pegar você, mas você não pode deixar que ele se instale.

Do contrário, acontece como o resfriado. Se a gente se descuida, ele se instala e se transforma numa gripe, numa pneumonia... É um desastre.

Com o desânimo, o desastre é ainda maior.

Assim que você sentir os primeiros sintomas do desânimo, combata-o imediatamente com tenacidade. Não o deixe se instalar. É um perigo muito grande.

Repito: o desânimo destruiu a muitos. Desarme essa bomba na sua vida enquanto é tempo.

Levante esta bandeira:

Desânimo nunca mais! Aconteça o que acontecer... Sejam quais forem os problemas....

Mesmo que eu não veja nenhuma possibilidade de solução... O desânimo não me pega mais!

Especialmente se você, olhando para sua vida, percebe os efeitos destruidores do desânimo, declare guerra:

Desânimo nunca mais!

"É necessário conseguir desarmar-se.
Eu travei essa guerra. Por anos e anos.
Foi terrível. Mas agora estou desarmado.
Não tenho mais medo de nada,
porque 'o amor afasta o temor'.
Estou desarmado da vontade de embotá-la,
de justificar-me à custa dos outros.
Não estou mais alerta,
meticulosamente agarrado às minhas riquezas.
Acolho e partilho.

Não me atenho em particular às minhas idéias, aos meus projetos.
Se me são propostos outros melhores,
acolho-os de bom grado.
Mesmo que não sejam melhores, mas bons.
Vocês sabem, renunciei ao comparativo...
Aquilo que é bom, verdadeiro, real,
onde quer que esteja,
é melhor para mim.
Portanto não tenho mais medo.
Quando não se tem mais nada, não se tem mais medo.
'Quem nos separará do amor de Cristo?' [...]
Mas, se nos desarmarmos, se nos despojarmos,
se nos abrirmos ao Deus-homem
que faz novas todas as coisas,
então será Ele a cancelar o passado ruim
e a restituir-nos um tempo novo,
no qual tudo é possível."

Atenágoras, apud Clément, 1995, pp. 209-11

É um caminho novo que lhe é proposto... E para dar o primeiro passo do resto de sua vida:

DESÂNIMO NUNCA MAIS!

A história de Isabel

Esta é uma história carregada de reflexos da cultura judaico-cristã e é, até hoje, um dos melhores exemplos já constatados de comportamento e inteligência emocional. Quem me deu essa explicação foi o frei Pascoal, que esteve no Brasil durante muito tempo e que hoje vive na Terra Santa, acompanhando grupos brasileiros em peregrinação.

Isabel era uma mulher judia, jovem e faceira. Seu noivo, um promissor homem ligado a funções nobres do templo. Seu nome era Zacarias. Conclusão óbvia: Isabel seria uma dona de casa e, logo, deveria ter filhos.

Ser estéril? Nem pensar!

Uma mulher judia casada e estéril era um verdadeiro sinal de maldição naquela época.

Mas quem diria... A promissora Isabel era estéril.

E viveu sua vida como estéril. Sem filhos. E mais: se acostumou com a ideia de ser estéril. Isabel assumiu e viveu a vida de uma estéril.

Mas perceba um detalhe fundamental na história de Isabel:

"Decorridos os dias de seu ministério, Zacarias retirou-se para sua casa. Algum tempo depois Isabel, sua mulher, concebeu; e por cinco meses se ocultava, dizendo: 'Eis a graça que o Senhor me fez, quando lançou os olhos sobre mim para tirar o meu opróbrio dentre os homens."

No sexto mês, o anjo Gabriel foi enviado por Deus a uma cidade da Galileia, chamada Nazaré, a uma virgem desposada com um homem que se chamava José, da casa de Davi; e o nome da virgem era Maria."

Essa Palavra está documentada no Evangelho segundo Lucas, capítulo 1, do versículo 23 ao 26.

Sempre estranhei a expressão "no sexto mês".

Os versículos anteriores narram a aparição do anjo Gabriel a Zacarias, que anuncia que sua esposa Isabel, que era estéril, mesmo em idade avançada, conceberia.

Esses versículos mostram que Isabel escondeu sua gravidez por cinco meses.

O que aconteceu com Isabel foi uma coisa maravilhosa: a estéril Isabel havia concebido por obra de Deus e já estava gerando seu filho, como o anjo havia anunciado a Zacarias, seu esposo. Tanto assim que ela diz:

"Eis a graça que o Senhor me fez, quando lançou os olhos sobre mim para tirar o meu opróbrio dentre os homens."

Isabel, porém, havia assumido a ideia e a condição de uma mulher estéril, por isso o que era uma maravilhosa graça – Isabel havia concebido e estava gerando um filho – tornou-se para ela fonte de uma terrível perturbação.

Isabel não duvidou: perturbada, se ocultou por cinco meses, complicando ainda mais sua situação.

Esse drama todo só terminou quando Maria, que já tinha recebido do anjo o anúncio de que conceberia e daria à luz um filho cujo nome seria Jesus, vai às montanhas visitar Isabel, sua prima, porque o anjo lhe havia anunciado também que Isabel, a estéril, já estava no seu sexto mês e essa era a demonstração de que para Deus nada é impossível.

"Naqueles dias, Maria se levantou e foi às pressas às montanhas, a uma cidade de Judá. Entrou em casa de Zacarias e saudou Isabel."

É o que atesta Lucas, em seu Evangelho, capítulo 1, versículos 39 e 40.

Estar nas montanhas era por si só um sinal concreto da vida de Isabel, que já não vivia como as mulheres normais e seus filhos. Ela tinha assumido viver um isolamento comum aos que tinham, de certo modo, a vida proscrita.

A boa notícia da criança e da gravidez havia se transformado em perturbação. Por quê?

Porque o vírus do desânimo já havia se instalado nela. Mesmo que ela negasse, os sinais de sua vida demonstravam que ela já havia se conformado (lembre-se dessa palavrinha-chave comentada antes...).

A "Síndrome do Deus-Quis-Assim" já havia convencido aquela mulher de que nada mudaria.

Quando uma moça muito jovem se casa e logo fica grávida, geralmente se preocupa, por causa da inexperiência. Podemos dizer que para Isabel foi muito pior.

Se fosse jovem, pelo menos teria a expectativa de uma vida longa. Isabel já havia passado da idade apropriada para gerar e, por isso, teve muitas dúvidas: "Mas, meu Deus, com a idade que eu tenho, como vou criar esta criança? Como vou educá-la? E se eu morrer? Já sou tão velha!"

Deus estava realizando um milagre na vida de Isabel, um sonho. E, em vez de rejubilar, Isabel perturbou-se. Sua reação foi esconder-se, fugir.

Você pode ver que essa não foi uma atitude típica de quem ficou animado com a notícia. Muito pelo contrário: desanimada, ela fugiu do problema.

Porém, não adianta fugir.

Tecnicamente o problema de Isabel estava dentro da barriga dela.

Fugir é levar o problema para mais longe, onde provavelmente a solução ficará mais difícil.

Diante dos problemas, costuma-se fugir, enquanto o coração pede uma reação positiva e concreta.

Infelizmente, as pessoas preferem fugir das situações a enfrentar a verdade.

Veja, Zacarias e Isabel viviam na Judéia, e lá, no alto de um monte, havia uma casinha (que ainda hoje pode ser visitada). Isabel fugiu da situação íntima e fisicamente; no entanto, a situação era uma tremenda maravilha.

Pela cultura exemplar que tinha – afinal de contas seu esposo era um promissor homem ligado a funções nobres do templo – e por sua fé, Isabel estava mais do que apta (como, talvez, você) a entender e compreender que teria todas as capacidades para encarar tudo aquilo.

Talvez ter uma criança na maturidade até estivesse fora de seus planos, mas, dada sua cultura, jamais um pensamento desse deveria ter passado pela cabeça de Isabel. Seria o mesmo que uma criança negar um doce, um artilheiro negar um gol, um surfista odiar e amaldiçoar um dia ensolarado em Pipeline.

E, uma vez que o Senhor concedeu a Isabel um milagre, ela certamente poderia enfrentá-lo.

Mas, por cinco meses, ficou escondida na casinha da montanha, perturbada, matutando: "Como vai ser? Vou conseguir criar esta criança?"

Zacarias, seu marido, voltou mudo de Jerusalém, onde estivera exercendo suas funções sacerdotais, e não conseguia explicar, por mais que quisesse ou fizesse gestos, escrevesse em tabuletas... Isabel estava cheia de dúvidas; seu marido, sem nenhuma palavra.

Repito: Isabel havia recebido um milagre e, em vez de agir pela fé, pelo que transcende diante do milagre de Deus, deixou a cabeça e os sentimentos irem além.

Situações assim podem nos levar ao primeiro sintoma da síndrome da acomodação: "Sou-eu-comigo-mesmo-pensando-o-que-é-melhor-para-mim".

Assim vivia Isabel, e talvez você também já tenha experimentado ou experimente coisa semelhante.

Em vez de agir com ânimo e acreditar em Deus, você pode estar se enchendo de dúvidas e questionamentos, deixando sua cabeça a "mil" até o derrotar.

De fato, você se pré-ocupa. Pensa como Isabel: problemas que ainda não existem viram realidade dentro de você como dentro dela. "Será que vou ter leite? Será que a criança nascerá normal? E se eu não souber como criá-la?"

Pensa-se sempre na frente: na semana, no mês seguinte, e, é claro, a consequência é uma bruta insegurança.

Se você não consegue resolver os problemas presentes, como resolverá os problemas futuros? Ter pré-ocupações não resolve nada.

É o primo de segundo grau do filho de Isabel quem diz:

"Não vos preocupeis, pois, com o dia de amanhã: o dia de amanhã terá as suas preocupações próprias. A cada dia basta o seu cuidado."

EVANGELHO SEGUNDO MATEUS, CAPÍTULO 6, VERSÍCULO 34

Em outras palavras: a cada dia bastam seus problemas. Enfrente-os, não fuja deles! Você só tem o momento presente, o hoje. Não fique pensando nos problemas de amanhã, pois serão outros, se de fato vierem a surgir.

Talvez exista uma pessoa usando sua roupa, seus calçados e com sua estatura, seu jeito de ser, mas sem alma... O desânimo caiu sobre você. Você está "sem alma". Anda, fala, faz, mas o mais importante sumiu. Sua alma morreu.

Você olha no espelho e não se reconhece. Sabe que é você, mas não entende o que está acontecendo. As roupas são suas... Mas o que está dentro... O que, de fato, aconteceu?

"Não entendo, absolutamente, o que faço, pois não faço o que quero; faço o que aborreço. Não faço o bem que quereria, mas o mal que eu não quero."

PAULO DE TARSO EM SUA CARTA AOS ROMANOS, CAPÍTULO 7, VERSÍCULOS 15 E 19

É por isso que eu e você precisamos fazer uma guerra tremenda a essa epidemia que está ameaçando a todos nós: o DESÂNIMO. Esse combate começa em nós mesmos: cada um precisa se decidir e fazer esta declaração de guerra:

Desânimo nunca mais!

Aconteça o que acontecer...

Por mais difícil que seja...

Mesmo sem nenhuma perspectiva...

Desânimo nunca mais!

Digo sim à vida. Não ao desânimo!

Mas como conseguir
força interior?

"A morte é mais forte do que a vida.
Mas o amor é mais forte que a morte."

PROVÉRBIO MOÇÁRABE

Surgem tristezas durante a vida: traumas e marcas, situações que não aceitamos e que ferem profundamente nosso ânimo. Sofrimentos que chegam quando menos esperamos: o falecimento de alguém, uma doença, dificuldades na família, com o filho, a filha, o marido, a esposa, os pais; situações que às vezes decepcionam. Por algum motivo qualquer a tristeza pode aparecer. Mas você não pode se entregar a ela.

"Não entregues tua alma à tristeza, não atormentes a ti mesmo em teus pensamentos."

É o que está escrito no livro do Eclesiástico, um pensador das coisas de Deus, no capítulo 30, versículo 22.

A pessoa paga um alto preço quando se entrega ao desânimo, a partir das tristezas da vida. A entrega de si mesmo às doenças da alma, quando se perde a alegria, a paz, a saúde, desarticula tudo e tudo se transforma em pré-ocupações.

Desculpe... A vida se transforma num inferno, e não é assim que você merece viver.

Mesmo que seu marido ou sua esposa tenha sido infiel, tenha partido para o adultério; mesmo que haja brutalidades dentro de sua casa, ingratidões, irresponsabilidades... Se seu marido deixou você na rua da miséria, com os filhos dentro de casa, sem dinheiro, sem pensão, sem nada... Não permita que sua chama se apague. Mesmo que você tenha se decepcionado com o amor ou com uma grande amizade, mesmo que sua família esteja dividida, ou você esteja sem nenhuma expectativa de futuro:

> *"Jamais se desespere em meio às sombrias aflições de sua vida, pois das nuvens mais negras cai água límpida e fecunda."*
>
> PROVÉRBIO CHINÊS

Não permita que isso mate sua alma.

Mas como conseguir força interior? A decisão já foi tomada: desânimo nunca mais! Como conseguir ânimo tão de repente? Ainda sinto fraqueza...

Vencer o desânimo passa pelo poder de uma decisão pessoal.

É uma decisão pessoal: desânimo nunca mais! Por maiores que sejam os problemas. Desânimo nunca mais!

Não estou minimizando seu problema. Talvez você saiba que seu problema é humanamente impossível de ser resolvido, mas aí está o mais importante: para que Deus possa agir em sua vida, é preciso que você ACREDITE, ACOLHA e DECIDA.

São três coisas: acreditar, acolher e decidir.

Vamos lembrar a história de Isabel?

Isabel, aonde fosse, carregava o milagre na barriga. No fogão, lavando roupa, buscando água, a barriga estava na frente, e nela estava o milagre de Deus. Mas a bendita Isabel estava pré-ocupada... Cabeça confusa, depressiva, triste, abatida e DESANIMADA.

E isso durou até o momento em que Maria chegou à sua casa:

> *"Naqueles dias, Maria se levantou e foi às pressas às montanhas, a uma cidade de Judá. Entrou em casa de Zacarias e saudou Isabel. Ora, apenas Isabel ouviu a saudação de Maria, a criança estremeceu no seu seio; e Isabel ficou cheia do* ESPÍRITO SANTO. *E exclamou em alta voz: 'Bendita és tu entre as mulheres e bendito é o fruto do teu ventre'."*
>
> EVANGELHO SEGUNDO LUCAS, CAPÍTULO 1, DO VERSÍCULO 39 AO 42

Naquela hora, Isabel ficou como que eletrizada... e tomada pelo Espírito profetizou. Não havia possibilidade de Isabel saber que Maria trazia um filho em seu ventre. Quando Isabel ouviu o *shalom* de Maria (naquele tempo não se saudava com bom-dia ou boa-tarde, era *shalom*), a criança estremeceu em seu ventre e Isabel ficou cheia do Espírito Santo e pôde exclamar:

> ***"Bendita és tu entre as mulheres e bendito é o fruto do teu ventre. Donde me vem esta honra de vir a mim a mãe do meu Senhor?"***
>
> EVANGELHO SEGUNDO LUCAS, CAPÍTULO 1, VERSÍCULO 43

Como Isabel podia saber disso?

Que diferença entre a Isabel preocupada e enterrada em si mesma e a Isabel que agora estava repleta do ESPÍRITO SANTO.

Fiz questão de descrever como Isabel se encontrava antes para que você pudesse ver a diferença.

Hoje muitas pessoas têm uma visão concreta do sobrenatural, usam os dons espirituais, oram pelas pessoas, mas elas mesmas estão tomadas pelo desânimo. Estão sem vida, sem alegria, sem paz: sem alma. Há outros que, pensando conhecer a Deus, entram pela realidade da "programação mental", acendem incensos, buscam todas as formas de energização e de paz interior, mas se encontram como Isabel: desanimadas, cabisbaixas, frustradas, com os sentimentos e as emoções totalmente convulsionados, se arrastando pela vida... por causa dos problemas.

Quando, porém, Maria chegou à casa de Isabel, tudo mudou: "Isabel ficou cheia do Espírito Santo."

É isso que Deus tem para você. Ele não lhe oferece mudanças simplistas. Ele não lhe oferece esperanças baratas. Ele não quer lhe dar soluções provisórias para alguns problemas. Ele quer mudar você. Ele quer dar um rumo a sua vida. Ele quer você uma pessoa cheia do Espírito Santo. E isso faz uma grande diferença. Isso muda sua mentalidade. Sua visão dos problemas. Sua reação diante das situações da vida. Isso faz de você uma pessoa nova. Uma nova criatura.

Quantos de nós queríamos uma chance de começar tudo de novo! Partir do zero quilômetro. Ser realmente uma pessoa nova.

Isso é possível. O que aconteceu com Isabel pode acontecer com você. Deus quer. Queira você também. Queira e espere.

Não foi apenas Isabel quem ficou cheia do Espírito Santo; João Batista também. João era um milagre verdadeiro. Ele foi concebido e estava sendo gerado por uma mãe antes estéril e de idade avançada. Mas o que era milagre tinha se tornado um problema justamente por causa da atitude negativa de Isabel. Ela deixou-se tomar pelo desânimo. Certamente, João também se sentia um problema no ventre de sua mãe. Afinal, ele era fruto de uma gravidez agora indesejada. Mas, na hora em que Maria saudou Isabel, tudo mudou, e a criança estremeceu de alegria em seu ventre.

Pensa-se que os problemas tiram a alegria, a coragem. É uma visão errada. A receita certa para os problemas é enfrentá-los. Isso gera coragem. A forma de enfrentar a tristeza é ter um coração alegre, pois a alegria do homem torna mais longa sua vida.

"A alegria do homem torna mais longa a sua vida. Tem compaixão da tua alma, torna-te agradável a Deus e sê firme; concentra teu coração na santidade e afasta a tristeza para longe de ti, pois a tristeza matou a muitos e não há nela utilidade alguma."

É o que está escrito no livro do Eclesiástico, no capítulo 30, versículos 24 e 25.

Isabel carregava um milagre, mas não tirava força do milagre. Você tem um milagre dentro de você, acredite! Um milagre que se chama força de Deus. A Bíblia chama de *Ruah* o Espírito Santo, e Ele quer atuar em você com todos os seus dons. A única coisa que você precisa fazer é abrir-se. Saiba que Ele tem dons espirituais maravilhosos para todos os que O acolhem de coração aberto. Sim, os dons do Espírito Santo estão em você. Basta retirá-los do fundo do armário da alma.

Se você tem um poço em casa e a água encanada acabou, basta buscá-la no poço. É claro, ele é fundo; é preciso descer um balde com uma corda. O balde desce, você o puxa com uma carretilha e ele sobe derramando água por todos os lados. Ele vem derramando vida, alegria, entusiasmo, coragem.

Com você acontece o mesmo: a força que vem do Espírito Santo está em você; traga-a para fora e deixe que os dons do Espírito Santo se derramem em sua vida.

"Para Deus nada é impossível.
Tudo é possível àquele que crê."

EVANGELHO SEGUNDO LUCAS, CAPÍTULO 1, VERSÍCULO 37.
EVANGELHO SEGUNDO MARCOS, CAPÍTULO 9, VERSÍCULO 23

Durante muito tempo, em alguns bairros da cidade de Cuiabá, no Mato Grosso, faltou água. As pessoas reclamavam, falavam mal do prefeito, do governo, dos vereadores, mas a torneira permanecia seca. Pela falta de água, muitas pessoas ficavam "azedas". Muitas delas tinham um poço no fundo do quintal; se quisessem, poderiam pegar um balde, descê-lo com uma corda e puxá-lo transbordando água. Elas, porém, preferiam reclamar e azedar sua vida.

Talvez você seja uma pessoa "que chora pela torneira seca", enquanto há um poço dentro de si.

"No último dia, que é o principal dia de festa, estava Jesus de pé e clamava: 'Se alguém tiver sede, venha a mim e beba. Quem crê em mim, como diz a Escritura: Do seu interior manarão rios de água viva, o Espírito Santo'."

EVANGELHO SEGUNDO JOÃO, CAPÍTULO 7,
VERSÍCULOS 37 E 38

Nas bodas de Caná, Maria disse a Jesus, seu Filho: "Eles não têm mais vinho." Talvez não tenha sido apenas o vinho que acabou em sua vida, talvez esteja faltando também a Água Viva, o Espírito Santo, por isso você tem passado sede de alegria, de paz, de felicidade, de ânimo, de coragem e de entusiasmo.

É para quem tem sede. Não é para quem merece, mas para quem precisa.

É mais fácil do que você imagina: basta querer e pedir. Essa é uma graça para quem quer e pede. Não é para os perfeitos. É para os necessitados. Portanto é para você.

Não deixe para depois; queira ser uma pessoa cheia do Espírito Santo. Peça que Jesus o encha agora com o Espírito Santo.

"O Pai dará o Espírito Santo aos que o pedirem."

É o que Jesus diz no Evangelho de São Lucas, capítulo 11, versículo 13. E acrescenta:

"Todo aquele que pede recebe. Aquele que procura acha. E ao que bater será aberto."

Não perca tempo: peça agora. Procure. Bata.

O Pai dará o Espírito Santo aos que pedirem, procurarem, baterem.

A hora é agora. Peça.

Jesus não quer apenas resolver seus problemas. Ele quer mudar você. E quer fazer de você uma criatura nova. Um homem novo. Uma mulher nova. Ele quer lhe dar uma vida nova.

Ele quer fazer novas todas as coisas em sua vida.

Agradeça porque, se você realmente pediu, Ele já lhe deu.

Você já recebeu.

Você é uma nova criatura. Passou o que era velho. Tudo se fez novo!

É importante rever o que o Eclesiástico, aquele homem de Deus que no Antigo Testamento repensou as coisas da vida, à luz de Deus, diz a respeito da tristeza e do desânimo:

"Não entregues tua alma à tristeza, não atormentes a ti mesmo em teus pensamentos. A alegria do coração é a vida do homem, e um tesouro inesgotável de santidade.

A alegria do homem torna mais longa a sua vida. Tem compaixão da tua alma, torna-te agradável a Deus e sê firme; concentra teu coração na santidade e afasta a tristeza para longe de ti, pois a tristeza matou a muitos e não há nela utilidade alguma."

São palavras de sabedoria muito atuais. Ele as deixou no capítulo 30, versículos de 22 a 25.

Um depoimento

"Quando o desânimo me visitou, não sabia mais o que dizer para aquele homem..."

Conta-nos Paulo Victor, um de meus filhos espirituais e que colaborou comigo neste livro:

Eu fazia um programa chamado A tarde é nossa, *na Rádio Difusora Bom Jesus (administrada pela Canção Nova), em Cuiabá, Mato Grosso.*

Era um programa muito movimentado, "sacudido", e toda quarta-feira eu apresentava uma novidade vinda do interior do "Brasil que o Brasil não conhece".

O ouvinte ligava e contava alguma história de sua vida, do tempo em que morava na roça. E muitos participavam: de Cuiabá e dos sertões do "Centro-oeste e Nortão Brasileiro".

Era um espaço chamado "Casos e Cousas da Fazenda". E toda quarta-feira um monte de "causos" de "bença, pai e bença, mãe", onças, pescarias, trote de cavalo pantaneiro, sucuri, plantações e muito mais.

Às quinze horas, parávamos para rezar pelos amigos enfermos, com o padre Firmo Duarte, que conduzia uma oração pela nossa história passada (especialmente pelos ouvintes do "interiorzão" do Brasil).

Havia um homem que sempre ligava para participar. Seu nome era Antônio, da cidade de Pimenta Bueno, em Rondônia.

Ligava sempre. E, como era muito alegre, extrovertido e tinha histórias interessantíssimas, ele acabou virando uma participação sempre muito especial.

Lembro-me do dia em que ele descreveu o cheiro do café que sua mãe fazia... Do dia em que ele falou do caminhão que estava saindo da sua fazenda e escutamos o barulho do motor pelo telefone. Também foi inesquecível o dia em que ele chorou pela plantação perdida devido a uma praga...

Certa vez, Antônio não ligou para participar e demos continuidade ao programa. Já estávamos no meio da oração pelos enfermos quando recebi um bilhete dizendo que Antônio queria "entrar no ar" para pedir oração pela saúde dele.

Não era o comum. Já haviam sido encerradas as participações. Mas a produção o deixou "entrar no ar". E aí ele contou que havia sofrido um acidente... Estava na Santa Casa de Pimenta Bueno e, no dia seguinte, passaria por uma cirurgia, por causa da fratura de sua perna. Como sempre, estava animado, contou detalhes de como era seu quarto e que estava sendo muito bem atendido por uma freirinha.

Conversamos até com a freira, e ela esclareceu que a iniciativa de ligar tinha sido dela mesma, porque Antônio já estava se tornando famoso com seus "causos" e não podia ficar sem falar no rádio. Desligamos o telefone; finalizada a participação, fizemos nossas últimas orações.

Continuamos a vida...

No dia seguinte, eu estava conduzindo outro programa ao vivo, na Igreja de Nossa Senhora do Bom Despacho (Bom Parto), e logo no início a telefonista da rádio apareceu. Ela estava em prantos.

Dizia que era melhor eu ir para a rádio (que ficava no prédio ao lado), pois lá havia uma ligação urgentíssima para mim.

Mesmo sendo uma programação transmitida ao vivo, saí da igreja, meio constrangido, e fui atender o telefone. Recebi a notícia: "O Antônio morreu... Ele teve uma complicação na cirurgia, precisou de uma transfusão de sangue, não havia sangue suficiente... E ele morreu."

Éramos três chorando. A freirinha que deu a notícia, a telefonista e eu. Respirei fundo, subi até a igreja e, inevitavelmente, dei a notícia no momento mais propício. Muita gente se comoveu... Até o governador do estado ligou para dar os pêsames...

O quadro do programa de rádio precisou terminar... Não havia mais clima para continuar sem o Antônio. Todas as quartas-feiras ficava um vazio na programação, e nós reagimos com mais fé na oração que sempre acontecia às quinze horas.

E o tempo foi passando...

Três meses depois, vivi um flashback. Estava de novo na condução do grupo de oração e a telefonista apareceu com um semblante transtornado. Era uma ligação urgentíssima. As pessoas perceberam meu constrangimento e reviveram cada momento triste da perda do Antônio.

Peguei o telefone... disse "alô"... e, do outro lado, o irmão do Antônio falou.

Ele tinha uma voz séria e dizia que estava deixando a fazenda, passando todos os negócios para uma empresa do ramo rural de administração latifundiária. Deixaria a posse de terra para os funcionários, já estava tudo "consumado" e não tinha mais volta.

Diante da voz séria, dos fatos que envolviam a situação e das palavras "tudo consumado", me preocupei demais com aquele homem. Eu já sabia que Antônio era um líder comunitário e tive toda a certeza de que o irmão dele estava abandonando tudo, desanimado e sem esperanças. Comecei a consolá-lo, dar-lhe ânimo, reavivá-lo, mas ele me dizia que iria embora e que tudo ficaria bem.

Não sabia mais o que dizer para aquele homem. Pedia que ele refletisse, que não fizesse nenhuma besteira. Então, ele me falou de uma decisão que me surpreendeu: iria para Angola!

Caí para trás. Disse firmemente para ele refletir melhor, quem sabe passar uns dias lá em casa. Receber oração. Pedi que nada fosse decidido no calor das emoções. Disse que ele precisava ter calma.

Ele disse novamente que estava tudo resolvido.

Agradeceu por meus conselhos. Estava muito decidido.

Perguntei o que ele faria num lugar tão longe, se a decisão não seria uma fuga. Era uma decisão surpreendente!

Mas ele respondeu:

"Percebo sua preocupação. Mas fique tranqüilo. Sou padre de uma ordem missionária e vou em missão."

Fiquei atônito. PADREE! Ele é padre!

E então ele continuou:

"Sou padre e nunca consegui evangelizar meu irmão. Pois fique você sabendo que, ao ouvir seu programa de rádio diariamente, meu irmão nasceu de novo. Ele era um homem odiento, malvado, blasfemador e alcoólatra. Depois que começou a ouvir os programas, ele se confessou, casou-se na Igreja, batizou e registrou os filhos, construiu uma capela na fazenda em honra de Nossa Senhora Aparecida... E tem mais... Ele morreu em meus braços perdendo sangue. Ele sabia que ia morrer e gritava para mim: 'Avisa o radialista que eu vou morrer, mas eu vou morar no Céu. Avisa o radialista que eu vou falar o nome dele para Jesus! Avisa o radialista que eu vou falar o nome dele para Jesus! Avisa o radialista que eu vou falar o nome dele para Jesus!'"

Bem... Essa é a minha história. E agora o segredo de todos os segredos. Durante todo aquele período de programas com Antônio, eu estava vivendo uma grande crise pessoal. Uma quase depressão. Um desânimo profundo... Mas, em nome da missão, do meu trabalho, daquilo que precisava ser feito, eu reagia diariamente, dando tudo de mim naquele programa de rádio. Gastava-me ao máximo. Violentava-me para caprichar. Buscava o melhor, que só Deus podia fazer por mim.

Talvez hoje você esteja assim. Sem forças em seu casamento, em seu trabalho, em seu lar... Reaja! Dê tudo para todos, e Deus lhe dará um amigo gritando seu nome nos Céus para Ele. Se você não fez isso por si mesmo, faça-o por alguém, por favor. Reaja!

Se há duas pessoas por quem rezo diariamente, elas são: um homem que nunca vi e que disse que levaria meu nome até Jesus e um padre que julgo estar ainda em Angola e ao qual, na minha pressa pretensiosa, nem perguntei o nome."

Veja: é isso que o Espírito Santo quer e pode fazer por você. Ele quer você uma pessoa totalmente nova. Como o Antônio. Como muitos.

Creia. Queira. Peça. Tudo é possível àquele que crê. Muito mais do que você quer receber, Deus quer dar a você o Espírito Santo. Ele quer você um homem cheio do Espírito Santo. Uma mulher cheia do Espírito Santo. Peça. Procure. Bata. O Pai dará o Espírito Santo aos que o pedirem.

> **"A vida e a morte, o bem e o mal estão diante do homem; o que ele escolher, isso lhe será dado."**
>
> LIVRO DO ECLESIÁSTICO, CAPÍTULO 15, VERSÍCULO 18

Aguentar?

"O Senhor esteja convosco! Ele está no meio de nós.
Corações ao alto! O nosso coração está em Deus!
Demos graças ao Senhor, nosso Deus!
É nosso dever e nossa salvação!"

MISSAL ROMANO

É nosso dever, é nossa salvação levantar também nosso ânimo e nossa coragem. É nosso dever experimentar Sua coragem, Sua força. É disso que você precisa. Não desanime!

Se você havia se entregado ao desânimo, assuma o que Deus está realizando. Diga agora: "Desânimo nunca mais! Sou uma criatura nova, cheia de alegria, de coragem, de paz, de amor."

Diga para si mesmo: "Aguente firme!"

Assim como o câncer corrói a pessoa por dentro se não há uma reação, assim como o vírus HIV tira todas as defesas do organismo e é necessário que exista uma reação por parte do doente, também o desânimo retira suas defesas internas. Corrói você por dentro. Vai destruindo você por dentro.

Não se deixe levar pelo desânimo. Daqui para frente, desânimo nunca mais. A força do Espírito Santo está em você.

"Mas descerá sobre vós o Espírito Santo e vos dará FORÇA; e sereis minhas testemunhas em Jerusalém, em toda a Judéia e Samaria e até os confins do mundo."

ATOS DOS APÓSTOLOS, CAPÍTULO 1, VERSÍCULO 8

O desânimo tira sua força, mas você não pode permitir que isso aconteça. Seja qual for o problema, reaja.

Por pior que seja a situação, aguente! Aguente firme!

Não estou escrevendo abstrações. Estou tentando atingir algo essencial, que envolve seu modo básico de:

- REAGIR
- ENFRENTAR
- AGUENTAR.

A primeira coisa é REAGIR.

A chave de tudo é a reação... Só você pode reagir diante de seu problema, diante de uma situação, mesmo que seja difícil demais.

Ninguém vai poder reagir por você. Você, e só você, é capaz de reagir nesse momento.

É por isso que você precisa do poder do alto. Muito mais do que qualquer tipo de autoajuda, você precisa da ajuda do alto.

Você já tem essa ajuda. O Espírito Santo está em você, basta que, com um ato concreto de vontade, você arranque lá de dentro a força do Espírito e a aplique numa reação.

É questão de treino. Talvez você tenha se acostumado a se refugiar num casulo e deixar a vida seguir. É necessária agora uma forte guinada.

Desânimo nunca mais! Você começa a reagir. "Não vou mais me deixar envolver pelas situações. Vou tomar as rédeas de minha vida. Vou reagir. O Espírito está em mim. A força do alto está a meu alcance. Agarro essa força e reajo."

Reagir é o primeiro passo: é uma questão de vida e morte. É claro, você não pode optar pela morte. Você escolhe a vida e reage.

Em seguida é preciso ENFRENTAR.

A palavra já diz tudo: é olhar de frente as situações. É enfrentar os problemas que surgem. Não é fugir, não é se enclausurar, não é buscar um refúgio: é ENFRENTAR.

Esse confronto com a realidade é totalmente pessoal. Só você pode fazê-lo.

É preciso ter olhos abertos para a realidade e enfrentar, seja qual for a situação.

É claro: aqui você precisa também da ajuda do alto. Mas é você quem se defronta com a situação. É você quem busca a ajuda do alto e a aplica à situação que você enfrenta.

Você, e só você, pode acionar sua vontade e colocá-la em ação.

Enfrentar é preciso, e quem faz isso é você. Quando você recebe o poder do alto, o Espírito Santo flui em você como uma adrenalina e lhe dá a força que sozinho você não teria.

Mas preste atenção: "o pulo do gato" está no enfrentar a situação. Na hora em que você a enfrenta, a adrenalina do Espírito corre em suas veias e você consegue, você chega lá, você vence.

O enfrentar, porém, cabe a você: daí o poder do alto vem em sua ajuda.

Acionar a vontade nessa hora é uma decisão totalmente pessoal. Só você pode fazê-lo.

Em seguida vem o AGUENTAR.

Nenhum problema tem solução imediata. Nenhuma situação se resolve de uma hora para a outra. É preciso dar um tempo.

É nesse tempo, até que a solução chegue, que precisamos aguentar.

Todos nós somos muito imediatistas. Queremos soluções rápidas e fáceis. Somos a geração do microondas, do *fast-food*. Queremos tudo rápido, imediatamente e na mão.

Mas não é assim que os problemas se resolvem. Não é assim que as situações da vida encontram solução.

É preciso ter tempo. E, às vezes, bastante tempo.

É aí que muita gente derrapa, entrega os pontos. Não sabe esperar. E, principalmente, não sabe aguentar.

A gente reage, a gente enfrenta. Mas, até que a solução venha, é preciso sofrer. É preciso aguentar as dores próprias do tempo de espera.

É certo que a solução virá. Mas até lá é preciso aguentar firme.

Repito: é aí que muita gente derrapa e entrega os pontos. Não sabemos sofrer. Não queremos sofrer.

Somos a geração do analgésico e do anestésico. A geração do "a dor sumiu".

Com os problemas e as situações da vida, porém, não é assim. É preciso aguentar firme. É preciso suportar a dor.

É urgente aprender a sofrer. Reagir. Enfrentar. Aguentar.

E é o princípio da solução.

Não faça como o avestruz que enterra a cabeça. Você

precisa enfrentar as situações e os problemas.

A criança foi crescendo no ventre de Isabel, mas, pelo desânimo, pela idade avançada de Isabel, a criança lhe pesava.

Isabel ficou como aqueles bois de garimpo que puxam uma carroça com ouro. Carregam ouro e continuam olhando para baixo. Não têm consciência de que carregam tesouros. Para eles tudo é carga. Tudo é peso.

Depois da visita de Maria, depois que Isabel ficou cheia do Espírito Santo, tudo mudou em sua vida.

Isabel aguentou o final da gravidez. Enfrentou o parto. Enfrentou principalmente o martírio de seu filho. Imagine só o que é para uma mãe suportar o martírio de um filho que só veio fazer o bem, que levava as pessoas à conversão... E ter a cabeça cortada?! E Isabel aguentou.

Por mais difícil que seja o problema, por mais sofrido, por mais demorada que seja a solução do problema, você pode aguentar, você tem a força de Deus. É só decidir-se a mobilizar sua vontade e reagir.

Aguente firme, meu filho, Aguente firme, minha filha! Reaja! Enfrente! Porque Deus está com você!

Senhor, Tu me amas como sou.

Tu me acolhes até em minhas confusões e erros.

Mas eu não quero continuar assim.

Não quero continuar remoendo meus erros e acertos num tribunal tão cansativo.

Não posso me conformar com as situações difíceis de minha vida.

Acreditar que viverei só com minhas próprias forças.

Chega de autossuficiência e de arrogância. Preciso de paz.

Quero aprender a rezar como rezaram os profetas, os santos e as pessoas que são capazes de toda superação.

Não porque foram fortes, mas porque souberam o poder de abandonar sua vida e suas fraquezas nas mãos de Deus.

Preciso do Teu amor de Pai.

Suplico a graça de estar em plena e profunda sintonia contigo,

pois sou templo do Teu Espírito Santo.

Que nada me impeça de repousar na grandeza da Tua misericórdia.

Quero fazer a experiência do teu Amor em minha vida.

Quero entregar toda minha existência em tuas mãos de Pai.

Assim como Maria soube dizer sim nas coisas práticas de sua vida, quero dizer sim para as pequenas coisas que enfrento.

Se eu conseguir ser fiel no pouco, muito mais conseguirei pela Tua misericórdia.

Ensina-me a Humildade de Maria, mãe de Jesus!

A Humildade de José, pai adotivo de Jesus, que viu todos os seus planos humanos desfeitos.

Quero crer em Ti, Jesus, com todas as minhas forças!

Jesus, Tu és a realização do próprio impossível aos olhos humanos: Tu ressuscitaste dos mortos.

Minha oração chega, agora, ao Coração de um Deus Vivo, Ressuscitado, e que não se distrai ao ouvir minha prece.

É nessa certeza da Ressurreição que eu quero caminhar.

Faço, agora, a avaliação de tudo o que ficou para trás, abandonando todo o ressentimento.

O sentimento de mágoa é que faz eu me sentir "vítima das coisas e situações".

Renuncio, agora, a toda essa terrível sensação de tristeza, por ficar ressentindo, remoendo as coisas.

Jesus, ensina-me a ultrapassar toda essa barreira de sofrimento mental.

Faze que eu ultrapasse todo condicionamento, essa "quase" lei que se formou dentro de mim, de pensar a vida pelo negativo, pelas coisas que não deram certo.

Jesus, quero que me ajudes a colocar minha confiança em Tua Divina Providência.

Tenho me preocupado demais com as coisas materiais, com o conforto, com aquilo que me satisfaz.

Preocupo-me demais com o custo de vida, com o emprego, como contornar as despesas principais e com os impactos do dia a dia.

São preocupações que comprometem a qualidade de minha vida e de minha entrega a Ti.

Senhor, livra-me de toda amargura e de todo sentimento de rejeição.

Jesus, preciso muito mudar.

Preciso me transfigurar.

Arranca de mim todos esses freios que me limitam e não me permitem ser totalmente livre.

Tu, que és o Senhor do tempo e não da pressa, faze que eu não perca a lucidez!

Dá-me a graça do bom senso e do equilíbrio.

Dá-me a graça de perceber, de enxergar Tua presença real em minha vida, na situação pela qual estou passando agora.

Na dor: faze-me aguentar firme e ser paciente.
Que toda lágrima seja derramada para Tua glória.
Na alegria: bendizer, louvar e agradecer.
Que o meu sorriso faça alguém enxergar que vives em mim.
Que eu nunca perca a lucidez!

Decida-se pelo amor

"Sem amor, não tenho Deus no meu coração e não posso doá-lo aos outros. Nem sequer o conheço."

VAN THUAN

Quem deflagra o amor dentro de nós somos nós mesmos. Amar é antes de tudo uma decisão. Decida-se pelo amor. A Palavra de ordem para você é: "Não tenha medo de amar."

Muitos não têm a coragem de amar, pois já sofreram muito, sofreram na família, no casamento, foram atingidos por doenças, tiveram dificuldades com os negócios, filhos, decepções amorosas... Talvez você já tenha sofrido muito e, é claro, não quer sofrer novamente. E por isso deixou de amar: para não sofrer.

Independentemente dos acontecimentos, é no amor-doação que está a salvação para você. É no amor-doação que as pessoas com quem você se relaciona serão salvas.

Apesar das decepções, dos problemas familiares, ame. Decida-se pelo amor.

E diga aos decepcionados com tudo e com todos que não deixem de amar.

Não são apenas os jovens que precisam despertar para o amor. Há muito adulto, há muita gente casada que precisa redescobrir a graça de AMAR.

Quantas pessoas guardaram decepções. Quantas pessoas curtiram revoltas no coração... Quantas pessoas são vítimas da própria revolta com um pai alcoólatra, irresponsável, ausente, infiel, bruto, autoritário... Quantas pessoas decepcionadas com a família e por isso já não são capazes de amar.

Mas amar é vida. Não amar é morte. É preciso reaprender a amar.

Problemas existem e abalam o coração, mas não é por isso que você não vai amar. Deus lhe dá a capacidade de amar. A capacidade de amar está em você. E o decidir-se a amar depende também de você. Se você se decide pelo amor, tudo muda em sua vida.

O mundo é de quem ama!

Quem ama vive. Quem não ama permanece na morte. É urgente decidir-se pela vida. Decidir-se pelo amor.

Perdoar não é esquecer, mas é lembrar sem sentir dor

Ame aquela pessoa de sua família, aquela pessoa muito próxima a você, apesar de todas as brigas e dos desentendimentos entre vocês.

Ame e perdoe. O perdão é a chave. Perdoe pelas decepções e revoltas causadas por aquele irmão ou irmã que foi injusto(a) com você, que o desprezou, lesou, ofendeu, causando-lhe prejuízo econômico, que falou mal de você, embora fosse seu irmão. Perdoe pelas decepções e pelos desentendimentos gerados por causa da disputa de herança, de terra.

Irmãos e cunhados brigam entre si até por causa de cachorro. O problema com o animal passa, mas fica a decepção, a inimizade, e o cachorro segue a vida dele, belo e folgado. As pessoas permanecem brigadas. Impressionante: no perdão está a raiz de tudo.

A raiz da cura está no perdão

Se você está com sede, não basta colocar água na boca e não engolir. Chega um momento em que é necessário engolir. Se não der um gole, você não matará sua sede. Será absolutamente inútil ter água na boca.

Com a decisão é a mesma coisa.

Decidir é uma coisa totalmente pessoal. É você quem decide. Decide amar, decide perdoar.

Decidir-se por amar, perdoar, fazer as pazes depende de você. Na hora em que se decide, o Senhor lhe dá a graça e a possibilidade. A graça vem de Deus. Mas a decisão depende de você. A graça é acionada por sua decisão de amar, de perdoar.

Para que você compreenda, explico: é como o padre na hora da Missa. Para converter o pão e o vinho no Corpo e no Sangue de Cristo, é necessário pronunciar as palavras da consagração: "Isto é Meu Corpo... Este é o cálice do Meu Sangue..."

Cabe ao sacerdote pronunciar as palavras e cabe ao Espírito Santo, com Sua graça, fazer o milagre, para que se tornem presentes sobre o altar o Corpo e o Sangue de Nosso Senhor Jesus Cristo. Se o sacerdote não diz as palavras, não há como o Espírito Santo agir.

Na hora em que o padre pronuncia essas palavras, o Espírito Santo age e a maravilha de Deus acontece. Um milagre. Com o amor e o perdão é o mesmo: Deus entra com a graça, mas, se não há decisão, não há como a graça de Deus agir.

É claro que nenhum padre por si só é capaz de mudar a substância do pão e do vinho e nem perdoar os pecados de ninguém. Mas que beleza! Ao pronunciar as palavras, tudo muda pela ação do Espírito Santo. No amor, no perdão é o mesmo: você decide e Deus opera.

Onde há vontade, existe um caminho. Deus espera sua decisão.

Decido-me a perdoar

Vem, Espírito Santo, arranca do meu interior toda a raiz da amargura, da decepção, da tristeza, do abatimento e do desânimo.

Quero perdoar minha mãe, meu pai, meus irmãos, minhas irmãs. Quero perdoar meus parentes e amigos. Eu me decido a perdoar. Eu me decido a amar.

Derrama, Senhor, sobre mim o Espírito Santo e dá-me a graça de decidir perdoar, amar.

Quero perdoar a pessoa com quem me casei, apesar de tudo aquilo que fez.

Quero perdoar todas as pessoas que agora vêm à minha mente. Aqueles que me prejudicaram e me ofenderam, falaram mal de mim, de minha família...

Derrama, Senhor, Teu Espírito Santo, para que meu coração seja profundamente curado e que eu possa dizer com a vida: "Eu quero amar, eu quero ser aquilo que Deus quer, sozinho eu não posso mais..."

Eu me decido a amar.

Eu me decido a perdoar.

Superar a falta de fé

Tudo é possível para aquele que crê...

Mas, infelizmente, muitos assimilaram: "Para mim tudo é impossível, nada para mim dá certo."

Podem acontecer maravilhas em sua vida, em sua família, em seu casamento, em seu emprego, mas é preciso que você acredite nelas. Do contrário, você acaba perdendo tudo. É como a água em suas mãos, que escorre pelos vãos dos dedos.

O barbeiro e o viajante

Um homem conversando com seu barbeiro contou que ia viajar para Roma. Logo o barbeiro respondeu: "Roma, aquele lugar ruim, feio, chato? O Pantanal, aqui mesmo no Brasil, ou qualquer outro país é mais atrativo! Não vá a Roma."

"Mas eu tenho que ir a Roma! Vou pegar o avião da companhia aérea tal..."

"Você vai por essa companhia aérea? Quantos aviões dessa empresa já caíram? O serviço de bordo é terrível! Onde você vai ficar em Roma?"

"Vou ficar num hotel na esquina da Praça de São Pedro, um hotel cinco estrelas."

O barbeiro desconsiderou totalmente o hotel e só dizia palavras negativas. Por fim, perguntou o que ele faria em Roma, e o senhor, por educação, respondeu:

"Vou a negócios e pretendo ver o Papa."

"Desista, rapaz, não vai ter condições. O Papa está muito ocupado, doente e quase morrendo."

Passado um mês e meio, o homem voltou para cortar o cabelo.

E o barbeiro lhe perguntou:

"E aí, viajou?"

"Claro! Fui a Roma e foi uma viagem tranquila. O hotel foi maravilhoso e, como vê, o avião não caiu."

"Mas certamente não conseguiu ver o Papa!", retrucou o barbeiro.

"Não somente vi o Papa, mas também consegui uma audiência particular."

"Audiência particular com o Papa?", disse o pessimista.

"É, rapaz. Estive cara a cara conversando com o Papa; até ganhei um terço abençoado por ele."

"O que o Papa lhe disse?"

"Olha, o Papa chegou bem perto do meu ouvido e me perguntou: 'Onde você fez esse corte de cabelo tão bonito?'."

Existem muitas pessoas como esse barbeiro, que veem tudo com óculos escuros e falam mal de tudo. Você conhece uma pessoa assim?

O pessimismo instalado no coração precisa desaparecer definitivamente de nossa vida.

É preciso recuperar a fé. Saiba que o pessimismo mina nossa fé assim como o detergente acaba não só com a gordura, mas com o melhor azeite.

Talvez você pense que isso não é uma questão de fé, mas ela começa por aí.

Se você colocar o leite para ferver numa leiteira já usada do dia anterior, todo o leite vai azedar. O leite era bom, mas o resto do leite de ontem estragou o de hoje.

Muitas pessoas tem estragado tudo por causa do próprio negativismo. Têm coisa azeda dentro do coração, e, ao colocarem boas coisas dentro dele, elas acabam azedando.

Há um pessimismo crônico que azeda tudo!

A caixa-d'água e o prefeito

Lembro-me de uma situação constrangedora, que ocorreu com o prefeito de uma cidade. Ele mandou construir uma grande caixa-d'água, encheu-a para o dia da inauguração e disse:

"Deixem as torneiras abertas, porque a grande comemoração será com água em abundância. Quero ver água correndo em todas as torneiras e em todas as casas da nossa cidade."

Até então, não havia água encanada na cidade.

A caixa foi completada e o registro ficou fechado, esperando que, no dia da inauguração, o prefeito o abrisse e a água corresse. Chegado o dia, Hino Nacional tocado, bandeira hasteada e muitos aplausos...

Então, o prefeito abriu o registro... E nada de água, nem mesmo na torneira que estava "ao pé" da caixa. A nenhuma casa a água chegou. O prefeito e todos os secretários ficaram envergonhados. "Mas o que aconteceu?" Foi aquele alvoroço. Segundo os técnicos, não havia defeito; todos os canos foram examinados.

O próprio prefeito resolveu subir até o alto da caixa-d'água e, decidido, colocou o rosto na água para ver. Ao olhar para baixo, percebeu algo muito estranho, justamente no cano principal, por onde toda a água era distribuída.

Para tirar a dúvida sobre o que estava ocorrendo, o prefeito mandou chamar um mergulhador, que descobriu o problema. O rapaz pegou na mão uma coisa escura e apresentou-a ao prefeito: segurando pelo rabo do bicho, o mergulhador exibia um rato que havia entalado no cano!

Hoje está mais do que na hora de retirar os ratos que estão entalando sua vida.

Talvez não sejam grandes erros e grandes pecados, mas os ressentimentos, as mágoas, as frustrações, coisas que não deram certo em seu casamento, decepções com padres, religiosas, com esse movimento ou aquele grupo ao qual você pertenceu, e por isso você ficou pessimista igual ao barbeiro e azedo como o leite colocado na leiteira suja. Talvez igualzinho à caixa-d'água do prefeito.

Para Deus nada é impossível. Se Ele ainda não conseguiu mudar seu casamento, sua situação econômica, a situação de seus filhos, de seus pais, talvez seja porque existe um ratão entalando sua vida, ou uma leiteira suja que o impede de acreditar e a graça de acontecer.

Você é como uma criança que se agarra nas golas da camisa do pai para não cair. Brinca, sorri, troca olhares... mas agarrada sempre na gola do pai. Passados alguns minutos, adormece. Suas mãos relaxam. O pai, porém, a conserva no colo. A força para se agarrar torna-se totalmente desnecessária.

Assim é Deus com você.

Você pode segurar, achando que tudo depende de você, mas quem o segura no colo é o próprio Deus.

Acredite. Pelo menos hoje!

Quem sabe você se tornou como aquele "barbeiro" em seu serviço, em sua casa, em seu casamento, ou até para você mesmo. Por mais que você se arrume, não se sente bem na própria roupa. Talvez nem na própria pele.

Mesmo que você vá à melhor butique e compre a melhor roupa, como você está mal, a roupa de nada adianta. Você se tornou o próprio barbeiro pessimista, a própria cabeleireira que só diz palavras negativas, que azeda tudo e que tem um ratão entalando o principal cano de sua vida.

Conta-se que um filósofo saiu às ruas com uma lanterna procurando "o homem" em pleno dia.

Todos o ridicularizavam... Mas ele continuava: "Onde está, 'homem'?" Agia com tanta convicção e coragem que não demorou muito para que outros o acompanhassem.

Talvez Deus ande com uma lanterna, em pleno dia, em sua casa, procurando por alguém, e talvez esse alguém seja você, que até hoje não acreditou.

Talvez você pense que é impossível seu filho libertar-se das drogas, mas Deus está à procura de alguém que acredite, para que Ele entre em ação e então seu filho seja liberto.

Você não pode imaginar o quanto os sentimentos negativos desgastam, esvaziam, corroem, chegam até mesmo a destruir nossa fé.

Sentimentos mudam como o clima: ora está calor, ora está frio. Você não pode correr o risco de basear sua fé nos sentimentos.

Não se deixe afetar e conduzir pelo que você sente, mas por aquilo em que você crê.

Veja o que aconteceu a Maria, a mãe do Nazareno. O nascimento de Jesus, a vinda dos pastores e a vinda dos magos, tudo foi maravilhoso. Mas de repente tudo mudou... Daí para frente tudo foi dureza.

Fugiram às pressas para o Egito, foram para uma nação completamente diferente da sua cultura e fé. Até a comida do dia a dia era diferente. Aguentaram morar anos a fio num país onde não conheciam ninguém. O Menino foi crescendo e nada mudava.

Quando voltaram, nem puderam ficar mais em Belém. Para permanecer longe do filho de Herodes, instalaram-se em Nazaré e, quando o Menino Jesus chegou aos 12 anos, o perderam no templo... Tudo era muito desencontrado.

Na casa deles estava o Salvador, o Messias, o Filho de Deus. Mas Ele não apresentava nada de especial. Muitos pensam que Jesus, antes de Sua vida pública, vivia fazendo milagrinhos... Não, Jesus era totalmente normal. Cresceu como uma criança qualquer, foi adolescente e jovem como todos.

Chegou aos 30 anos e nada mudou. Mas a própria Palavra de Deus nos diz que Maria guardava todas essas coisas meditando-as em seu coração. E isso dava força para que ela acreditasse nos planos de Deus. Por mais contraditório que fosse, ela sempre acreditou!

Você pode imaginar o que aconteceu com Maria ao pé da cruz. Ela acompanhou a vida pública de Jesus, presenciou Seus milagres e prodígios. Presenciou Sua crucificação e, por fim, O colocaram em seu colo, morto.

Humanamente, alguém poderia dizer: "Desanime, Maria, tudo aquilo que você ouviu do anjo foi ilusão." Desculpe, mas qualquer "barbeiro negativo" diria: "Está vendo? Veja o corpo Dele, como está! Tudo o que você ouviu não passou de ilusão e fantasia, Maria."

Jesus morreu pregado na cruz, Seu corpo foi aniquilado. E mais: um dos soldados atravessou Seu lado e Seu coração com uma lança (e Maria viu bem o flanco aberto de seu Filho). Humanamente, não havia nenhuma esperança, tudo estava perdido.

Você também, mulher, que já desanimou com tudo, mesmo que você tenha perdido toda a esperança a respeito de seu casamento, de sua família, de seu filho ou de seu pai alcoólatra, acredite! A ressurreição está próxima. Tão próxima como a ressurreição de Jesus. Tudo dizia o contrário. Maria, porém, acreditou. E, porque acreditou, ela viu.

Talvez você tenha se tornado uma pessoa chata para si mesma, arrastando-se pela vida, alguém doente no espírito e na alma, tudo por causa da descrença.

Talvez porque, no lugar que é o centro de sua razão e de sua fé, em vez de você se colocar como "dono da situação", você tenha deixado que seus sentimentos tomassem conta do leme que direciona o barco de sua vida. E aí, em vez de você acreditar no que transcende, de acreditar em Deus, você direcionou todas as suas forças para a mudança de vida de alguém, e não para Aquele que faz uma vida mudar.

Sim. Você colocou sua esperança na mudança de alguém – seu filho, seu marido, seu casamento, seu emprego, sua situação econômica –, e não em Deus, Aquele que tudo pode mudar.

Conheço uma família cujo marido adulterou, e, como se não bastasse, a amante passou a telefonar para a esposa de forma provocadora. A esposa, por demais presa em seus sentimentos para com o marido, fez disso motivo de desespero e chegou ao suicídio. Hoje moram a amante e sua filha na casa do marido, com os filhos do casal. O suicídio resolveu a situação?

Talvez você esteja dizendo: "Já faz tanto tempo e eu não vi mudança nenhuma. Eu já fiz de tudo, já rezei anos e anos e nada aconteceu, nada mudou..."

Não acredite apenas na mudança da pessoa que você ama. Vá além. Acredite em Deus, que é o próprio Amor. É Ele, e só Ele, que tudo pode mudar.

Talvez você conheça a história do alpinista que sempre buscava superar mais e mais seus limites. Ele resolveu, depois de muitos anos de preparação, escalar o monte Aconcágua. Mas, como queria a glória somente para si, resolveu escalá-lo sozinho, sem nenhum companheiro.

Então ele subiu. Começou a entardecer e ele não havia se preparado para acampar. Mesmo assim, resolveu seguir a escalada, decidido a atingir o topo. Quando escureceu, a noite caiu como um breu nas alturas da montanha, impossibilitando-o de enxergar um palmo à frente.

Subindo por uma "parede" a apenas 100 metros do topo, ele escorregou e caiu... Caía a uma velocidade vertiginosa. Só conseguia ver imagens manchadas passando cada vez mais rápidas na escuridão. Tinha a terrível sensação de estar sendo sugado pela força da gravidade.

Naquele momento, passaram por sua mente todos os momentos felizes e tristes que já havia vivido... De repente, ele sentiu um puxão forte que quase o partiu pela metade... Como todo alpinista experimentado, havia cravado estacas de segurança com grampos a uma corda comprida, fixada em sua cintura. Suspenso pelos ares, na mais completa escuridão, não havia nada a fazer a não ser gritar: "Meu Deus, me ajude!" E uma voz grave e profunda vinda dos Céus respondeu: "O que você quer de mim, meu filho?"

"Salve-me, meu Deus, por favor!"

"Corte a corda!", foi só o que ele ouviu.

Houve um momento de silêncio. O homem se agarrou mais ainda à corda e pensou: "Deus está brincando comigo... Se eu fizer isso, vou morrer..."

Conta o pessoal do resgate que, ao realizar as buscas, encontraram o alpinista congelado, morto, com as duas mãos fortemente agarradas à corda de segurança... a dois palmos do chão. Teria sido só acreditar e cortar a corda.

Sim, era só acreditar e cortar a corda!

Por que você não corta a corda agora?

Ah, em nós há sempre um "mas"... Mas meu marido... Mas minha esposa! Mas meu patrão... Mas meu passado... Se conhecesse meu filho... minha família... Se soubesse o que é ficar tantos anos desempregado... O que é ficar tanto tempo nesta cama...

Converse seriamente com o barbeiro! Lave a vasilha que tem leite azedo! Arranque o rato da boca do cano! Corte a corda!

Não sei qual é sua situação, mas hoje ela precisa mudar. Tem de nascer em você o sentido da superação.

"Mas não vi nenhuma mudança em minha vida..."

Só falta tirar o rato. Corte a corda! Não vamos deixar para depois, não. Decida-se agora. Qual é sua situação concreta? Que corda está prendendo você?

É claro que Deus não vai dizer que você está a meio metro do chão. Talvez sejam palmos que faltam para mudar seu casamento, seus filhos, seus pais, o que oprime a sua vida! ACREDITE! Não tenha medo!

Não é em mim que você está acreditando e pondo sua confiança. Você está confiando em Deus. Acredite!

Vá, não tenha medo de cortar as cordas que prendem sua mente, seu coração, suas emoções, seus sentimentos.

Elimine todo negativismo, todo ressentimento, toda mágoa. Acabe com o pessimismo.

Creia: você já está sendo liberto da malícia, de uma vida sórdida e dura para você mesmo. Tudo para que você seja livre em direção a novos rumos, ousado na fé.

Não acredite simplesmente na sua mudança ou na mudança dos outros. Acredite em Deus, porque para Ele nada é impossível. E tudo é possível para aquele que crê!

Deus, na sua misericórdia, tem a capacidade de transformar todas as situações em bem.

Também a sua. Também você!

ACREDITE!

Saber escolher...

"É preciso mudar muito para ser sempre o mesmo."

DOM HÉLDER CÂMARA

Lembre-se: de todos os lugares lindos, exuberantes, maravilhosos que existem na face da Terra, Deus escolheu morar em seu coração.

Faça um trabalho pessoal para crescer ao máximo na sua fé, para ser aquilo que Deus sonhou para você: uma pessoa de fé inabalável em um Deus vivo que está no meio de nós.

Não "abafe" Deus em seu peito, muitas vezes desanimado.

Tenha fé.

As coisas de Deus são alcançadas pela fé, e não pelos sentidos ou pela inteligência.

O que é material você atinge pelos sentidos — pode tocar, sentir o gosto, ver e ouvir —, mas o que é de Deus não.

Não dá para racionalizar ou intelectualizar algo tão transcendente. Tudo o que é natureza vasculha-se com inteligência. Veja, por exemplo, nossos sentidos.

Que beleza o tato! Você pode sentir e, para isso, há milhões de nervos em seu corpo, fazendo com que todas as sensações de seu organismo cheguem a seu cérebro. É muito rápido. A resposta vem quase instantaneamente do cérebro. Se você for cutucado com uma agulha, imediatamente o cérebro responderá com uma sensação de dor.

Muito mais ainda acontece com seus olhos. São milhares de pontos que nenhuma lente tem. Tudo o que você pode captar com sua visão humana, nenhuma lente é capaz de alcançar.

Ouvir é maravilhoso. São centenas de nervos fazendo com que todos os sons cheguem a seu cérebro.

E o mesmo ocorre com a inteligência. O que é matéria você não capta com a inteligência, e sim com os sentidos. Pela inteligência você raciocina, tem ideias. É maravilhosa sua inteligência; é o que o diferencia dos animais.

Além da inteligência, você tem outra graça que Deus lhe deu, maior que os sentidos e que a própria inteligência: a fé.

Se você não usar a inteligência, não vai entender; se não usar os olhos, não vai ver; se não usar o tato, não vai sentir; se não usar o paladar, não vai degustar; se tapar os ouvidos, não vai ouvir.

Assim como é preciso aplicar seus sentidos e sua inteligência, é preciso aplicar a fé.

Temos fé e precisamos aplicá-la.

Há pessoas com "preguiça mental": não usam a inteligência. Na verdade, a maioria das pessoas não usa nem 10% de sua inteligência e de sua capacidade intelectual. O mesmo acontece com os sentidos, muitas vezes pouco explorados. Existem pessoas até com os sentidos preguiçosos. Não atingem os 100% da visão e da audição porque não os aplicam.

Os deficientes visuais têm o tato e a audição muito aguçados, por isso são excelentes músicos e cantores, pois captam com o ouvido o que em geral não captamos. E por quê? Simplesmente porque os aplicam com afinco.

Tive oportunidade de perceber isso numa de minhas melhores gravações musicais, quando trabalhei com os Titulares do Ritmo, um grupo de músicos deficientes visuais. Eles me impressionaram com a sensibilidade na interpretação de cada ritmo gravado.

Você também tem essa capacidade. Uma pessoa, ao perder a visão, é praticamente obrigada, para compensar o sentido perdido, a aplicar melhor sua audição e, se aplicar o tato, é capaz de ler por meio do maravilhoso método braile, constituído por pontos salientes.

Você também tem esse tato, mas, como enxerga e ouve bem, não o aplica. O mesmo acontece com sua fé. Infelizmente, você é preguiçoso. Não aplica nem 10% da sua capacidade intelectual e nem 1% da sua fé. Gostaria de dar uma porcentagem diferente, mas, infelizmente, você não aplica nem 1% da fé. Repito: você infelizmente não tem aplicado nem 1% da sua fé.

"Se tiverdes fé, como um grão de mostarda, direis a esta montanha: 'Transporta-te daqui para lá', e ela irá; e nada vos será impossível."

EVANGELHO SEGUNDO MATEUS, CAPÍTULO 17, VERSÍCULO 20

A fé faz o impossível tornar-se possível. Mas é preciso aplicá-la.

Se você não aplica seu tato, sua audição, esses sentidos não vão se desenvolver, mas, se aplicá-los, eles poderão chegar aos 100%.

Você precisa crescer na fé. Você precisa aplicar-se na fé.

Se você não desenvolver sua fé, não verá o que só quem tem fé confiante e viva pode viver e experimentar. A vitória não acontecerá.

Quero ser vencedor. Creio que a fé é a vitória que vence o mundo e é capaz de vencer todas as situações do mundo.

Renova minha fé, Senhor, desperta-me, Senhor, quero crer de todo o meu coração e, assim, ser realmente feliz.

O poder de Deus é maior do que qualquer resistência, mas Ele respeita a liberdade. Ele não a viola. Pelo contrário, deseja que aconteça um encontro. Sim, um encontro pessoal e único entre você e Ele, o Senhor.

Se você ainda não teve esse encontro, você precisa tê-lo. Precisa resistir ao homem velho que insiste em não acreditar. Quando você acredita, o poder de Deus pode agir. Do contrário, o próprio poder de Deus é retido.

É como um abraço entre duas pessoas. É preciso o encontro de sua fé com o poder de Deus, que é maravilhoso. Aplique o poder de sua fé nas situações intransponíveis da vida. Qual é o impossível de sua vida?

É uma doença crônica, humanamente incurável?

Pode ser que você se sinta impotente diante da bebida. Se você acredita no poder de Deus, aí sim Ele pode agir.

Talvez seja seu pai, seu marido ou um filho que se droga... Talvez seja o homossexualismo (masculino ou feminino) mostrando-se tão forte que faz você se sentir impotente diante de tantos pensamentos que o visitam e que são carregados de impureza, de malícia, de tristeza.

Talvez seja a dor dos pais vendo um filho ou uma filha, ou outro alguém muito próximo vivendo no homossexualismo...

Para Deus nada é impossível!

É o Ressuscitado quem nos diz: "Acredite! Eu entro com o poder da Minha ressurreição e você entra com sua fé. É mais fácil acreditar do que não acreditar. Quero atingir seu problema com o poder da Minha ressurreição. Eu posso lhe conceder essa graça: basta que você creia."

Se durante muito tempo você tem carregado situações que desgastam sua capacidade de acreditar, recomece, pois Deus renova tudo o que ficou para trás. Ânimo!

Acredite, seu casamento, seu marido, sua esposa neurótica, seu filho nas drogas, sua filha na prostituição... Todos esses problemas têm solução.

Lembre-se: se as situações ou as pessoas não mudarem, em Deus você encontrará forças para superar.

"Nos gloriamos até nas tribulações. Pois sabemos que a tribulação produz a paciência, a paciência prova a fidelidade, e a fidelidade, comprovada, produz a esperança. E a esperança não engana. Porque o amor de Deus foi derramado em nossos corações pelo Espírito Santo que nos foi dado."

CARTA DE PAULO AOS ROMANOS, CAPÍTULO 5, VERSÍCULOS DE 3 A 5

Para alguns, isso pode parecer um banho de falsas esperanças. Que pena...

Não foram poucos anos, nem poucos sofrimentos que fortaleceram a fé humana.

Testemunhamos maravilhas diariamente. Milhares de cartas, e-mails, faxes, telefonemas chegam a nós. Quantas pessoas em nossas viagens pelo Brasil e por todo o mundo têm superado problemas difíceis pela fé objetiva e bem experimentada no Deus que venceu a morte.

Vamos relembrar?

Ninguém, nenhum fundador de religião, seita, ou seja lá o que for, ousou dizer que venceria a morte. Ninguém, de fato, conseguiu, a não ser Jesus!

São mais de dois mil anos de história, estudos e fatos.

Parece que as coisas agora se inverteram...

Deus é quem está chegando até você e lhe pedindo uma nova chance. Acredite em mim. Confie em mim.

"Eis que estou à porta e bato: se alguém ouvir a minha voz e abrir a porta, entrarei em sua casa e cearemos eu com ele e ele comigo."

Livro do Apocalipse, capítulo 3, versículo 20

Acredite. Tenha fé. Reaja.

Jesus estava morto no sepulcro e, com todo o respeito, Ele era um cadáver. Não tinha vida. Jesus morreu mesmo.

Hoje exigimos um atestado médico; naquele tempo, os romanos pegavam uma lança e cravavam no coração da vítima, como fizeram com Jesus, para atestar que a pessoa realmente havia morrido. Se não tivesse morrido pela crucificação, morreria pela lança.

Jesus já estava sem vida antes de cravarem a lança em Seu coração, e todos ficaram admirados por Ele ter demorado tanto para morrer, tais foram os sofrimentos que havia padecido. Mas, na madrugada de domingo, de repente o Espírito Santo vem e ressuscita Jesus Cristo dentre os mortos. Quem relata isso é Paulo, em sua Carta aos Romanos, no capítulo 8, versículo 11:

"Se o Espírito daquele que ressuscitou Jesus dos mortos habita em vós, ele, que ressuscitou Jesus Cristo dos mortos, também dará a vida aos vossos corpos mortais, pelo seu Espírito que habita em vós."

De repente, como num *flash* de uma máquina fotográfica, o Espírito Santo mandado pelo Pai ressuscitou Jesus, e essa "fotografia" ficou gravada no Sudário.

De maneira bem popular, poderíamos dizer que o Sudário é o resultado da foto que o Pai quis tirar pela luz do Espírito, uma luz intensíssima, mais forte do que a de qualquer *flash*.

A luz do Espírito que tocou no cadáver de Jesus foi tão intensa que Sua imagem ficou gravada para todo o sempre nos panos do Sudário. Faz dois mil anos que aquela imagem está lá, para todos verem a maravilha que o Pai fez. Jesus sai do sepulcro e deixa o Sudário intacto. Jesus volta à vida.

Prolongue a força da ressurreição em sua vida!

Uma presença de mãe

"Nossa Senhora está aqui, eu a vejo, sim, a vejo andar pelos corredores desta casa."

DOM BOSCO

João Bosco é um dos santos mais populares da Igreja Católica Romana e do mundo.

Órfão de pai aos dois anos, viveu na infância e na mocidade muitos momentos de solidão. Desde cedo precisou resolver problemas e tomar decisões.

Sofreu a chamada "solidão da responsabilidade" e grandes momentos de deserto, pois precisou tomar atitudes concretas e determinantes movido por seu desejo interior de fazer algo pelos jovens de sua época.

Naquele tempo vivia-se a explosão da Revolução Industrial e seus primeiros problemas: mão de obra desqualificada, juvenil, quase escrava, sem direitos, só deveres e salários aviltantes.

Certa vez, quando já estava idoso, João Bosco foi à casa das Irmãs Filhas de Maria Auxiliadora, um ramo da Família Religiosa que fundara.

Por causa da idade avançada, sempre tinha um padre a seu lado que repetia em voz alta o que Dom Bosco dizia. Em certo momento Dom Bosco lhes disse: "Irmãs, Nossa Senhora Auxiliadora caminha pelos corredores desta casa."

O padre que o acompanhava, receoso, resolveu dizer outra coisa: "Nossa Senhora ama muito vocês, por isso Maria está sempre presente."

Mas Dom Bosco o corrigiu: "Repita para elas que Nossa Senhora anda nesta casa. Ela anda por estes corredores." O padre ficou um pouco corado, achou um exagero e novamente disse algo semelhante.

Dom Bosco ficou nervoso, elevou o máximo que podia sua voz e disse uma terceira vez: "Nossa Senhora está aqui, eu a vejo, sim, a vejo andar pelos corredores da casa!"

O padre nem precisou repetir, porque as irmãs abriram bem os ouvidos. Dom Bosco levantou ao máximo a voz, e assim as irmãs puderam escutar dos próprios lábios de Dom Bosco a surpreendente realidade: "Nossa Senhora anda pelos corredores desta casa!"

Isso não ocorreu apenas na casa das Filhas de Maria Auxiliadora.

Ela não é mãe apenas das Filhas de Maria Auxiliadora. Maria é nossa mãe, sua mãe, mesmo quando os filhos não reconhecem. Ela olha para as necessidades de seus filhos. Quanto maior a necessidade, mais Maria se faz presente.

Se sua casa e sua família estão padecendo grandes problemas, Nossa Senhora está muito mais presente em sua casa do que você pensa.

Tente imaginar: Maria percorre constantemente os cômodos da sua casa. Para que Deus possa fazer Suas maravilhas, basta que alguém acredite.

Não seria você o servo das bodas de Caná a quem Maria vai dizer: "Faça tudo o que Jesus lhe disser"?

Talvez você possa dizer: "Mas o que vou fazer para mudar a situação de minha casa, de meus pais?" "O que posso fazer para mudar meu filho, que só me dá problemas e aborrecimentos?"

"Três dias depois, celebravam-se bodas em Caná da Galiléia, e achava-se ali a mãe de Jesus. Também foram convidados Jesus e os seus discípulos. Como viesse a faltar vinho, a mãe de Jesus disse-lhe: 'Eles já não têm vinho.' Respondeu-lhe Jesus: 'Mulher, isso compete a nós? Minha hora ainda não chegou.' Disse, então, sua mãe aos serventes:'Fazei tudo o que ele vos disser'."

É o relato de João em seu Evangelho, capítulo 2, versículos de 1 a 5.

Não paramos para imaginar o constrangimento que houve naquela festa de casamento quando acabou o vinho. Naquela época, a festa de casamento durava, no mínimo, uma semana. As pessoas vinham de longe para o casamento. Era preciso providenciar alimento para os parentes e amigos, e, é claro, o vinho, segundo o costume da época, não podia faltar.

Assim como numa festa de aniversário é preciso ter pelo menos um bolinho, numa festa de casamento daquela época precisava ter muito vinho. E, se viesse a faltar vinho, imagine a vergonha para os noivos e seus pais.

Certamente aconteceram as "bisbilhotices" e os "comentários" dos convidados, como é de costume. Mas, porque Nossa Senhora estava presente, tudo mudou. Foi Maria quem percebeu a situação e se dirigiu direto a Jesus.

O próprio Jesus lhe disse: "Minha hora ainda não chegou." Mas Maria nem se incomodou com aquela resposta. Simplesmente confiava e tinha certeza de que Jesus faria alguma coisa.

Bastou apenas Maria dizer aos empregados que ali serviam: **"Fazei tudo o que ele vos disser"**, e o milagre aconteceu.

O segredo era este: fazer tudo o que Jesus lhes dissesse, e a solução viria. Maria tinha certeza disso. E, felizmente, os servos fizeram tudo o que Jesus lhes disse.

Sabemos, pelo Evangelho, que não foi pouco: encheram seis talhas de pedra. Em cada uma delas cabia cerca de 100 litros de água, que foram buscados de uma fonte na cidade – uma boa caminhada para trazer 600 litros de água.

Aqueles servos tiveram um trabalhão. Imagine garçons que são contratados para servir numa festa; agora, pedir que busquem água para a festa?! Eles estariam no direito de dizer: "Não fomos contratados para buscar água, e sim para servir os convidados."

Mas, como eles se dispuseram a fazer algo que não era sua obrigação, Jesus pôde fazer o restante. O Evangelho não diz qual foi o momento em que Jesus transformou a água em vinho. Ele pediu apenas que enchessem as talhas e as levassem ao mestre-sala.

Veja a beleza da mudança que aconteceu naquela festa. A alegria, a música, a dança...

Tudo porque Maria estava presente e porque fizeram o que Jesus lhes ordenara. Foi por isso que o milagre aconteceu. Esse é o segredo.

Naquela festa de casamento eles tinham um problema insolúvel. Certamente, todo o dinheiro já havia sido gasto. Então onde conseguir tanto vinho naquela hora e sem dinheiro?

Era um problema insolúvel para os noivos. Mas, pela presença de Maria e porque eles obedeceram, "fazendo tudo o que Jesus havia dito", tudo se resolveu.

Entendeu?

Talvez você esteja enfrentando problemas como esse das bodas de Caná – problemas insolúveis.

Mas você não está sozinho, Maria é presença real em sua vida.

Tenha certeza: se você assume agora que Maria está em sua vida, ela já pode agir.

Pode ser que você tenha acabado de perder seu ente mais querido. Talvez seu cônjuge, embora more com você, não faça questão nenhuma de esconder que tem casos por aí. Talvez você não veja nessa vida seu casamento restaurado, vai ser uma dor. Talvez em sua revolta você continue insistindo com Deus: "Eu quero a solução do meu problema, agora."

É a hora do deserto, frente a frente com seus limites, em plena solidão, interiormente confuso. Nessa hora não perca a lucidez.

Talvez, em vida, você não veja a situação solucionada, mas acredite: Maria quer sua alegria e quer também a transformação de seu ente querido. Se não for possível apresentar a solução que você espera nesta vida, ela lhe garante a salvação eterna da pessoa que você ama. Confie.

Maria é a medianeira de todas as graças, a onipotência suplicante diante de seu Filho Jesus.

Hoje, Maria lhe diz:

"Meu filho, minha filha, estou em sua casa e duas coisas lhe bastam:

1. Que você acredite.
2. Que você faça tudo o que Jesus lhe disser."

Mesmo que você crie calos nos joelhos de tanto rezar, tenha certeza: a solução vai chegar. Especialmente se você tem um problema que lhe parece insolúvel, uma enfermidade, se sofre por causa da droga, do adultério... Seja qual for a situação que o aflige e prostra em solidão.

Seja uma pessoa de fé, uma pessoa que acredita concretamente em Deus, que está a seu lado e não o deixa só. Ele tem a solução para os problemas de sua casa, de sua família, de sua vida.

Creia: o Senhor vai aonde o problema está. Creia que Maria diz a Jesus por você: "O vinho acabou... Faça alguma coisa por eles."

Peça humildemente, mas com toda a confiança:

Reanima, Senhor, cada um dos que parecem mortos espiritualmente pela solidão, pelos desgastes, pelas dores, pelos sofrimentos e pela desilusão.

Reaviva e restaura a fé de teus filhos e filhas.

Arranca a tristeza e o desânimo do coração.

Devolve a paz, a alegria e o amor a seus corações.

Assim como nas bodas de Caná transformaste a água em vinho, transforma, Senhor, todo sofrimento, toda dor, transforma toda tristeza e toda infelicidade, pelo pedido de Tua mãe, Maria.

Transforma as pessoas que estão desanimadas, se arrastando pela vida. Transforma tudo isso em alegria. Em harmonia. Dá-lhes o vinho novo, Senhor...

Que nesta hora, diante desta leitura, a força do primeiro milagre de Jesus nas bodas de Caná lhe dê a certeza de que você não está só.

Você tem uma mãe que conhece toda a sua vida. Que sabe de seus problemas... Você tem Maria a seu lado. Ela está sempre presente para interceder por você.

Como saber se estou apto?
A verdadeira revolução pessoal

Uma carta de envio...
E quando amanhecer em minha alma?

Amanhecerá em seu coração. Acabou a noite escura.

Quatro situações da alma foram refletidas neste livro: o desânimo, o desamor, a descrença e a solidão.

Também estão sob seu entendimento, agora, as conseqüências e os reflexos da luta pessoal para resolver os problemas da vida íntima.

Você então não pode mais ficar parado em suas justificativas, muitas vezes distante dos fatos, com uma fria curiosidade de saber seu futuro.

Com certeza, mais do que nunca, você está apto a vencer a incapacidade de encontrar um sentido para sua vida.

Diga agora, sem medo nenhum, como fez Catarina de Sena:

> *"É vontade de Deus e minha dar rumo novo à minha vida."*

Una sua vontade à vontade de Deus.

Reaja!

Jesus Cristo quer ressuscitar as áreas mortas de sua vida. Ele quer ver você refeito. Uma nova criatura.

Chega de consolos e paliativos.

Até um não-cristão já sabia disso:

> *"Quem tem 'por que' viver pode suportar qualquer 'como' viver."*
>
> NIETZSCHE

Você tem grandes e lindos motivos:

Pense em sua família.

Em sua casa.

Veja como tantos problemas já passaram e você conseguiu superá-los.

Pense pelo menos em Deus...

Em suas metas que precisam de novo fôlego.

Coloque seus esforços por quem precisa de você.

Não pense que seus sonhos se foram.

Proponha trégua e paz às pessoas mais insuportáveis que vivem próximas a você.

Enfim... Dê, agora, o primeiro passo para a mudança, a partir do roteiro que lhe foi apresentado aqui.

Mantenha o controle pessoal.

Busque o equilíbrio de suas emoções.

Fortaleça sua fé em um Deus vivo e ressuscitado.

Não deixe passar sua devoção pela Mãe de Jesus.

Abandone-se em Deus para fazer isso.

Não caia na tentação de achar que esse abandono é uma atitude passiva e sem efeitos.

Faça um ato de confiança em Deus como há muito você não tem feito.

Se for o caso, releia lentamente cada parte deste livro.

Agora é a hora de usar sua liberdade para decidir-se pelo amor.

Decida-se a reagir e vencer.

Por mais duras que sejam as circunstâncias... A vida é muito mais que as circunstâncias fáceis ou difíceis, alegres ou tristes.

Ser bem-sucedido e conquistar a vitória serão conseqüência de sua adesão a Deus.

"'Senhor? Para onde irei?' E logo veio uma resposta no coração... 'Eu irei para onde tu irias.'"

CHARLES DE FOUCAULD

E, por onde você andar:

Que Deus o abençoe!

Pe Jonas

Este livro foi impresso em 2016